# My First Mandarin Word Book

## 我的第一本
## 普通话单词书

Wǒ de dì yī běn
pǔtōnghuà dāncí shū

### KINGFISHER
LONDON & NEW YORK

**KINGFISHER**
LONDON & NEW YORK

Copyright © Macmillan Publishers International Ltd 2020
Published in the United States by Kingfisher,
120 Broadway, New York, NY 10271
Kingfisher is an imprint of Macmillan Children's Books, London
All rights reserved.

Distributed in the U.S. and Canada by Macmillan,
120 Broadway, New York, NY 10271
Library of Congress Cataloging-in-Publication data has been applied for.

Consultant: Zhenzhen Wang

ISBN: 978-0-7534-7545-4

Kingfisher books are available for special promotion and premiums.
For details contact: Special Markets Department, Macmillan,
120 Broadway, New York, NY 10271

For more information, please visit
www.kingfisherbooks.com

Printed in China
9 8 7 6 5 4 3 2 1
1TR/1019/WKT/UG/128MA

# Suggestions for parents

The words in this book are based on Simplified Chinese.

Sharing this book with your child is the ideal way to help him or her start the enjoyable journey of learning a foreign language. This bright, appealing book will establish the skills needed for confident learning and will act as an invaluable prompt for reading and becoming familiar with words in both English and Mandarin.

Young children will enjoy browsing through the book, looking at the attractive pictures and reading and saying the words. Every picture shows a familiar object, labelled with its English word, the Mandarin character and pinyin (the phonetic guide to pronouncing the Mandarin character). This encourages an immediate association of the Mandarin character and object, so that young children can enjoy learning new Mandarin words. It also encourages children to learn about the connection between an English word and its Mandarin equivalent.

At the end of the book is a complete alphabetical list of all the English words included in My First Mandarin Word Book, along with the pinyin guide to how to say each word.

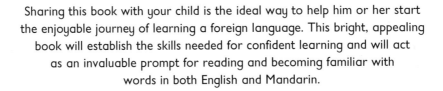
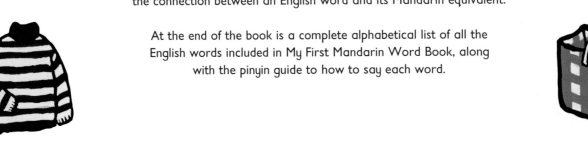

# Contents

# Numbers 1 to 10 一到十 Yī dào shí

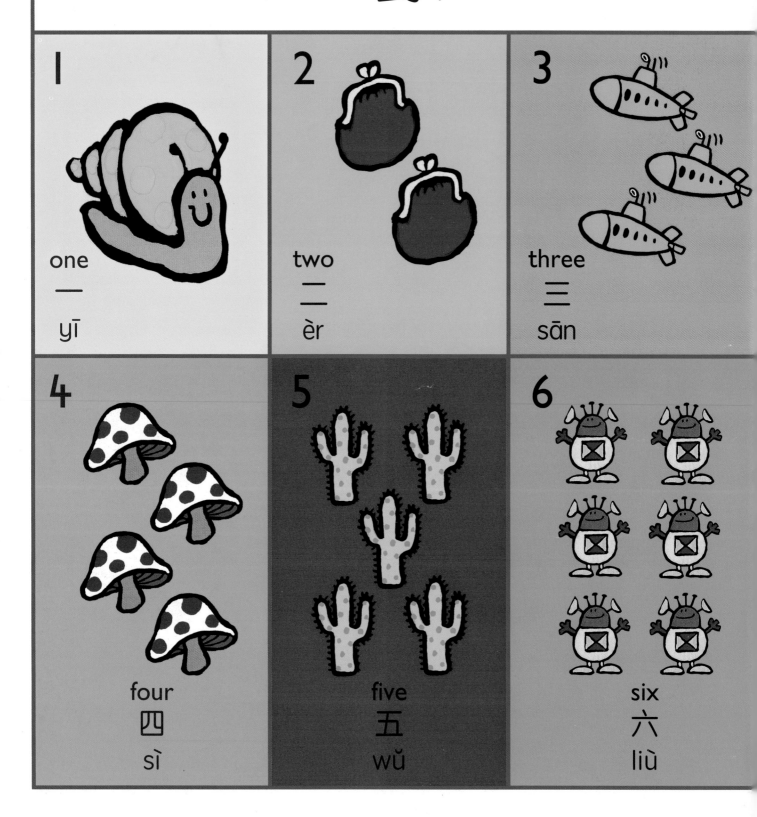

1 one 一 yī

2 two 二 èr

3 three 三 sān

4 four 四 sì

5 five 五 wǔ

6 six 六 liù

**7**

seven

七

qī

**8**

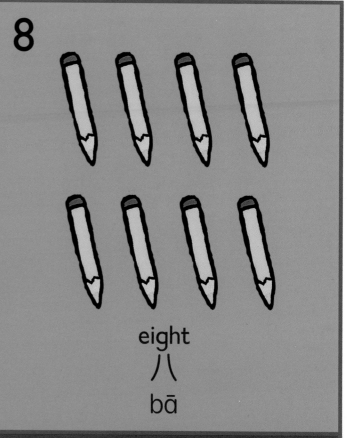

eight

八

bā

**9**

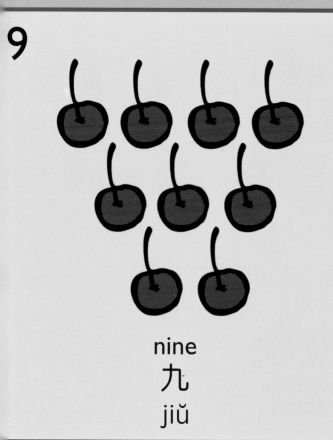

nine

九

jiŭ

**10**

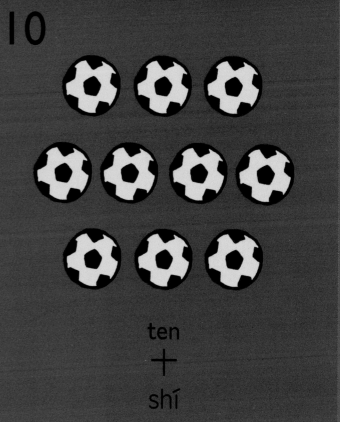

ten

十

shí

# Numbers 11 to 20 十一到二十 Shí yī dào èr shí

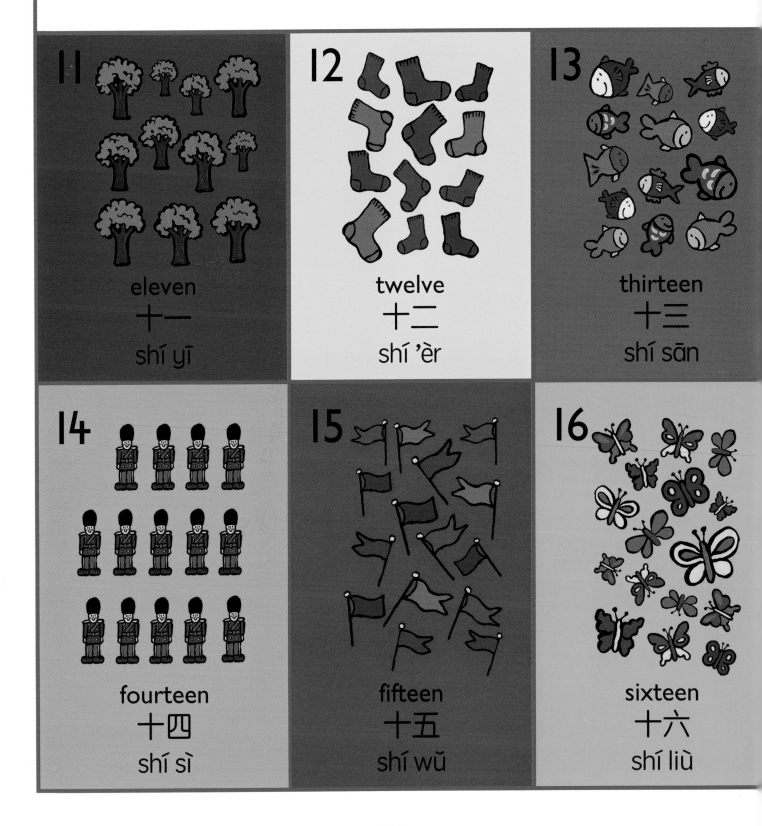

eleven
十一
shí yī

twelve
十二
shí 'èr

thirteen
十三
shí sān

fourteen
十四
shí sì

fifteen
十五
shí wǔ

sixteen
十六
shí liù

**17**

seventeen

十七

shí qī

**18**

eighteen

十八

shí bā

**19**

nineteen

十九

shí jiǔ

**20**

twenty

二十

èr shí

# More numbers 更多数字 Gèng duō shù zì

thirty
三十
sān shí

forty
四十
sì shí

fifty
五十
wǔ shí

sixty
六十
liù shí

# 70
seventy
七十
qī shí

# 80
eighty
八十
bā shí

# 90
ninety
九十
jiǔ shí

# 100
one hundred
一百
yī bǎi

# Colors 颜色 Yán sè

**black**
**黑色**
hēi sè

**white**
**白色**
bái sè

**red**
红色
hóng sè

**blue**
蓝色
lán sè

**yellow**
黄色
huáng sè

**purple**
紫色
zǐ sè

**green**
绿色
lǜ sè

**orange**
橙色
chéng sè

**pink**
粉色
fěn sè

**gray**
灰色
huī sè

**brown**
棕色
zōng sè

# Shapes 形状 Xíng zhuàng

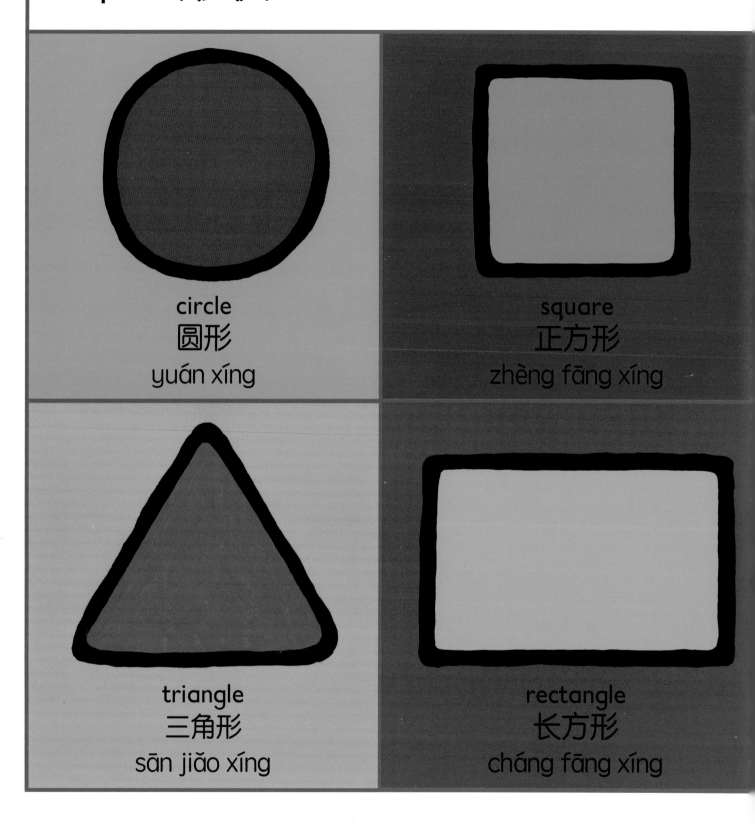

circle
圆形
yuán xíng

square
正方形
zhèng fāng xíng

triangle
三角形
sān jiǎo xíng

rectangle
长方形
cháng fāng xíng

**diamond**
菱形
líng xíng

**oval**
椭圆形
tuǒ yuán xíng

**star**
星形
xīng xíng

**semicircle**
半圆形
bàn yuán xíng

13

# Clothes 服装 Fú zhuāng

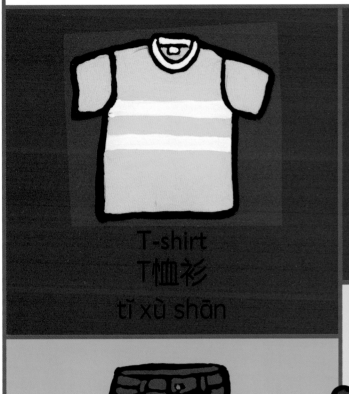

**T-shirt**
T恤衫
tǐ xù shān

**skirt**
裙子
qún zi

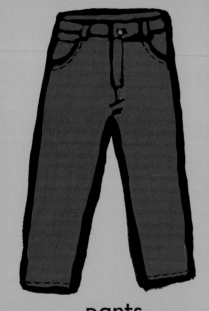

**pants**
裤子
kù zi

**gloves**
手套
shǒu tào

**socks**
袜子
wà zi

14

coat
外套
wài tào

sneakers
运动鞋
yùn dòng xié

sweater
毛衣
máo yī

shoes
鞋子
xié zi

belt
皮带
pí dài

cap
帽子
mào zi

scarf
围巾
wéi jīn

# The body 身体 Shēn tǐ

nose
鼻子
bí zi

toe
脚趾
jiǎo zhǐ

back
背部
bèi bù

chin
下巴
xià ba

**ear**
**耳朵**
ěr duo

**hair**
**头发**
tóu fa

**foot**
**脚**
jiǎo

**hand**
**手**
shǒu

**eye**
**眼睛**
yǎn jīng

**arm**
**胳膊**
gē bo

**leg**
**腿**
tuǐ

**knee**
**膝盖**
xī gài

17

# Food 食物 Shí wù

pineapple
凤梨
fèng lí

bread
面包
miàn bāo

banana
香蕉
xiāng jiāo

strawberry
草莓
cǎo méi

egg
鸡蛋
jī dàn

pie
馅饼
xiàn bǐng

carrot
胡萝卜
hú luó bo

ham
火腿
huǒ tuǐ

cheese
奶酪
nǎi lào

orange
橙子
chéng zi

apple
苹果
píng guǒ

popsicle
冰棍儿
bīng gùnr

19

# The bedroom 卧室 Wò shì

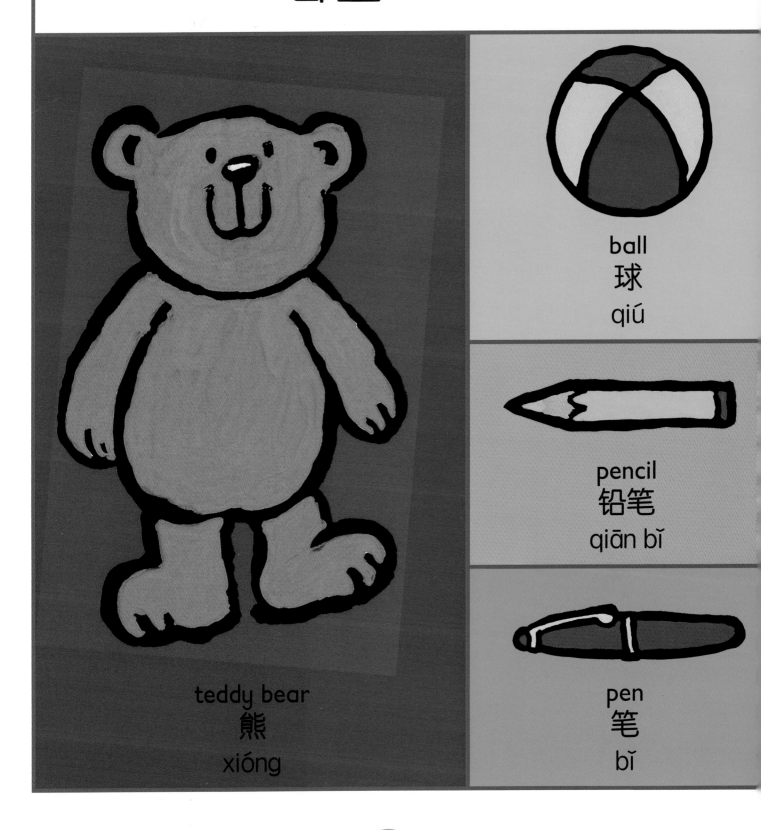

ball
球
qiú

pencil
铅笔
qiān bǐ

pen
笔
bǐ

teddy bear
熊
xióng

bed
床
chuáng

lamp
灯
dēng

yo-yo
悠悠球
yōu yōu qiú

rug
地毯
dì tǎn

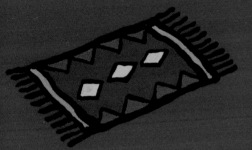

comb
梳子
shū zi

doll
洋娃娃
yáng wá wá

book
书
shū

kite
风筝
fēng zheng

# The kitchen 厨房 Chú fáng

fork
叉子
chā zi

knife
刀
dāo

spoon
勺
sháo

bowl
碗
wǎn

plate
盘子
pán zi

jar
罐子
guàn zi

stove

炉灶

lú zào

apron

围裙

wéi qún

pan

锅

guō

cup

杯子

bēi zi

# The bathroom 浴室 Yù shì

**bathtub**
浴缸
yù gāng

duck
鸭子
yā zi

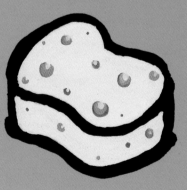

**sponge**
海绵
hǎi mián

towel
毛巾
máo jīn

**sink**
洗手盆
xǐ shǒu pén

**door**
门
mén

**mirror**
镜子
jìng zi

**scale**
秤
chèng

**toothpaste**
牙膏
yá gāo

**soap**
肥皂
féi zào

**toothbrush**
牙刷
yá shuā

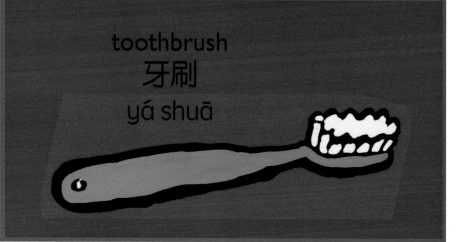

# The backyard 花园 Huā yuán

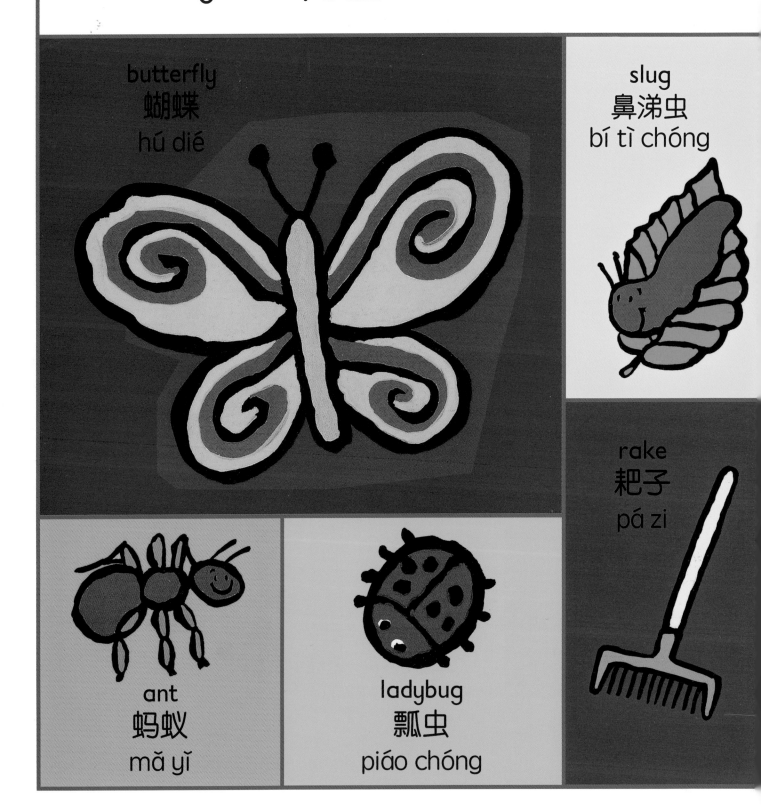

butterfly
蝴蝶
hú dié

slug
鼻涕虫
bí tì chóng

rake
耙子
pá zi

ant
蚂蚁
mǎ yǐ

ladybug
瓢虫
piáo chóng

bird
鸟
niǎo

gate
大门
dà mén

spider web
蜘蛛网
zhī zhū wǎng

leaf
叶子
yè zi

nest
鸟巢
niǎo cháo

frog
青蛙
qīng wā

worm
蚯蚓
qiū yǐn

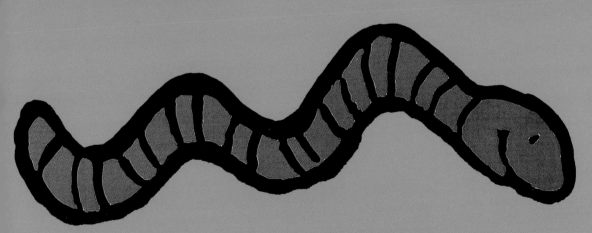

# The park 公园 Gōng yuán

**stroller**
婴儿车
yīng' ér chē

**sandbox**
沙坑
shā kēng

dog
狗
gǒu

**rollerblades**
旱冰鞋
hàn bīng xié

flower
花
huā

pond
池塘
chí táng

tree
树
shù

tricycle
三轮脚踏车
sān lún jiǎo tà chē

swing
秋千
qiū qiān

slide
滑梯
huá tī

seesaw
跷跷板
qiāo qiāo bǎn

# School 学校 Xué xiào

teacher
老师
lǎo shī

table
桌子
zhuō zi

paints
颜料
yán liào

paintbrush
画笔
huà bǐ

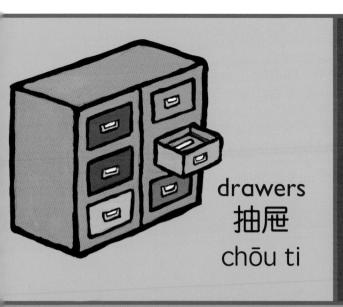

drawers
抽屉
chōu ti

backpack
背包
bēi bāo

scissors
剪刀
jiǎn dāo

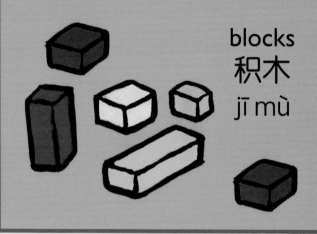

blocks
积木
jī mù

chair
椅子
yǐ zi

calculator
计算器
jì suàn qì

# The supermarket 超市 Chāo shì

milk
牛奶
niú nǎi

jam
果酱
guǒ jiàng

cart
购物车
gòu wù chē

salesclerk
店员
diàn yuán

**vegetables**
蔬菜
shū cài

**can**
罐头
guàn tou

**box**
箱子
xiāng zi

**bag**
袋子
dài zi

**cash register**
收银机
shōu yín jī

**fruit juice**
果汁
guǒ zhī

**wallet**
钱包
qián bāo

**money**
钱
qián

# The beach 海边 Hǎi biān

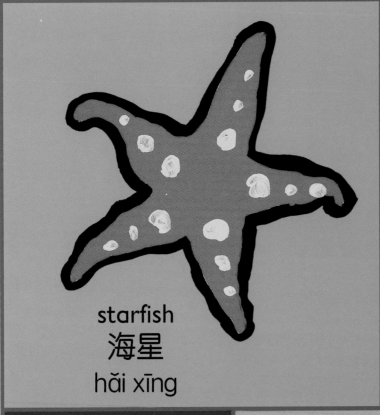

**starfish**
海星
hǎi xīng

**sea**
海
hǎi

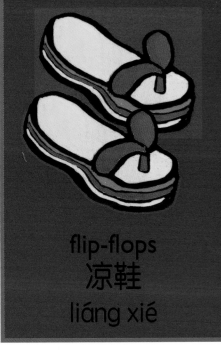

**flip-flops**
凉鞋
liáng xié

**fish**
鱼
yú

**yacht**
帆船
fān chuán

crab
螃蟹
páng xiè

sandcastle
沙堡
shā bǎo

shovel
铲子
chǎn zi

net
渔网
yú wǎng

pail
水桶
shuǐ tǒng

shell
贝壳
bèi ké

# The farm 农场 Nóng chǎng

tractor
拖拉机
tuō lā jī

goat
山羊
shān yáng

barn
谷仓
gǔ cāng

pig
猪
zhū

bull
公牛
gōng niú

**house**
房子
fáng zi

**chick**
小鸡
xiǎo jī

**calf**
小牛
xiǎo niú

**sheep**
绵羊
mián yáng

**farmer**
农民
nóng mín

**cow**
母牛
mǔ niú

**cat**
猫
māo

# Animals 动物 Dòng wù

tiger
虎
hú

wolf
狼
láng

swan
天鹅
tiān'é

deer
鹿
lù

38

monkey
猴子
hóu zi

parrot
鹦鹉
yīng wǔ

bear
熊
xióng

fox
狐狸
hú li

elephant
象
xiàng

seal
海豹
hǎi bào

toucan
巨嘴鸟
jù zuǐ niǎo

zebra
斑马
bān mǎ

# People 人 Rén

woman
女人
nǚ rén

girl
女孩
nǚ hái

man
男人
nán rén

boy
男孩
nán hái

baby
婴儿
yīng' ér

vet
兽医
shòu yī

chef
厨师
chú shī

dancer
舞者
wǔ zhě

spy
间谍
jiàn dié

clown
小丑
xiǎo chǒu

dentist
牙科医生
yá kē yī shēng

nurse
护士
hù shi

# Transportation 交通工具 Jiāo tōng gōng jù

ship
船
chuán

rocket
火箭
huǒ jiàn

car
汽车
qì chē

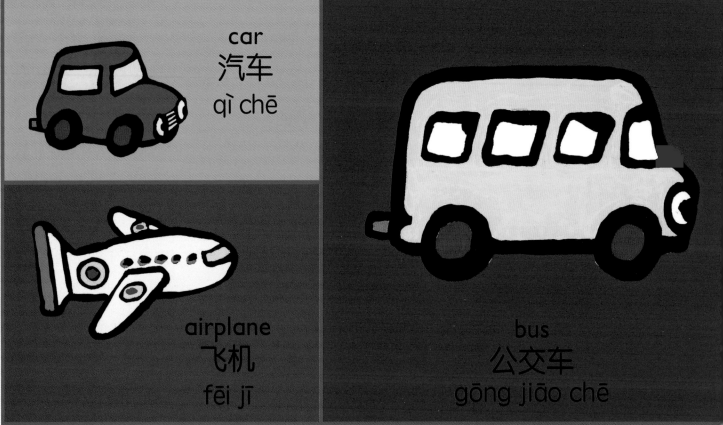

airplane
飞机
fēi jī

bus
公交车
gōng jiāo chē

**bicycle**
自行车
zì xíng chē

**boat**
帆船
fān chuán

**truck**
货车
huò chē

**motorcycle**
摩托车
mó tuō chē

**train**
火车
huǒ chē

# The weather 天气 Tiān qì

sun
太阳
tài yang

hail
冰雹
bīng báo

lightning
闪电
shǎn diàn

fog
雾
wù

rain
雨
yǔ

ice
冰
bīng

snow
雪
xuě

moon
月亮
yuè liàng

cloud
云
yún

wind
风
fēng

storm
暴风雨
bào fēng yǔ

# Word list

In this list you will find all of the English words in this book in **bold**. Next to each one is the simplified Chinese character and the pinyin guide on how to say the word.

## A guide to pinyin

Pinyin is a phonetic system that spells out the sound of Chinese characters. There are four spoken tones in Mandarin and each one is written with a different accent. This means that the vowels (a, e, i, o, u) or groups of vowels can be spoken in different ways. The neutral tone is said to be "light" or "de-emphasized," meaning you don't have to give it the same amount of stress, and it should actually be a bit shorter than the other tones.

- A straight line, such as ē in bēi zi (cup) shows the tone is high and level.

- A line sloping up from left to right, such as over ú in qiú (ball) shows the tone starts low and goes up.

- A crooked line pointing down, such as over ǔ in wǔ (five) shows the tone starts flat, goes down then rises up.

- A line sloping down from left to right, such as over è in yè zi (leaf) shows the tone starts high and goes down.

Be careful to use the right tone as the same word can have different meanings depending on which tone is used.

## abc

| English | Chinese | Pinyin |
|---|---|---|
| **airplane** | 飞机 | fēi jī |
| **animals** | 动物 | dòng wù |
| **ant** | 蚂蚁 | mǎ yǐ |
| **apple** | 苹果 | píng guǒ |
| **apron** | 围裙 | wéi qún |
| **arm** | 胳膊 | gē bo |
| **baby** | 婴儿 | yīng' ér |
| **back** | 背部 | bèi bù |
| **backpack** | 背包 | bēi bāo |
| **backyard** | 花园 | huā yuán |
| **bag** | 袋子 | dài zi |
| **ball** | 球 | qiú |
| **banana** | 香蕉 | xiāng jiāo |
| **barn** | 谷仓 | gǔ cāng |
| **bath** | 浴缸 | yù gāng |
| **bathroom** | 浴室 | yù shì |
| **bear** | 熊 | xióng |
| **bed** | 床 | chuáng |
| **bedroom** | 卧室 | wò shì |
| **belt** | 皮带 | pí dài |
| **bicycle** | 自行车 | zì xíng chē |
| **bird** | 鸟 | niǎo |
| **black** | 黑色 | hēi sè |
| **blocks** | 积木 | jī mù |
| **blue** | 蓝色 | lán sè |
| **boat** | 帆船 | fān chuán |
| **body** | 身体 | shēn tǐ |
| **book** | 书 | shū |
| **bowl** | 碗 | wǎn |
| **box** | 箱子 | xiāng zi |
| **boy** | 男孩 | nán hái |
| **bread** | 面包 | miàn bāo |
| **brown** | 棕色 | zōng sè |
| **bull** | 公牛 | gōng niú |
| **bus** | 公交车 | gōng jiāo chē |
| **butterfly** | 蝴蝶 | hú dié |
| **calculator** | 计算器 | jì suàn qì |
| **calf** | 小牛 | xiǎo niú |
| **can** | 罐头 | guàn tou |
| **cap** | 帽子 | mào zi |
| **car** | 汽车 | qì chē |
| **carrot** | 胡萝卜 | hú luó bo |
| **cash register** | 收银机 | shōu yín jī |
| **cat** | 猫 | māo |
| **chair** | 椅子 | yǐ zi |
| **cheese** | 奶酪 | nǎi lào |
| **chef** | 厨师 | chú shī |
| **chick** | 小鸡 | xiǎo jī |
| **chin** | 下巴 | xià ba |
| **circle** | 圆形 | yuán xíng |
| **clothes** | 服装 | fú zhuāng |
| **cloud** | 云 | yún |
| **clown** | 小丑 | xiǎo chǒu |
| **coat** | 外套 | wài tào |
| **colors** | 颜色 | yán sè |

| | | | | | |
|---|---|---|---|---|---|
| comb | 梳子 | shū zi | house | 房子 | fáng zi |
| cow | 母牛 | mǔ niú | ice | 冰 | bīng |
| crab | 螃蟹 | páng xiè | | | |
| cup | 杯子 | bēi zi | | | |

## def

| | | |
|---|---|---|
| dancer | 舞者 | wǔ zhě |
| deer | 鹿 | lù |
| dentist | 牙科医生 | yá kē yī shēng |
| diamond | 菱形 | líng xíng |
| dog | 狗 | gǒu |
| doll | 洋娃娃 | yáng wá wá |
| door | 门 | mén |
| drawers | 抽屉 | chōu ti |
| duck | 鸭子 | yā zi |
| | | |
| ear | 耳朵 | ěr duo |
| egg | 鸡蛋 | jī dàn |
| eight | 八 | bā |
| eighteen | 十八 | shí bā |
| eighty | 八十 | bā shí |
| elephant | 象 | xiàng |
| eleven | 十一 | shí yī |
| eye | 眼睛 | yǎn jīng |
| | | |
| farm | 农场 | nóng chǎng |
| farmer | 农民 | nóng mín |
| fifteen | 十五 | shí wǔ |
| fifty | 五十 | wǔ shí |
| fish | 鱼 | yú |
| five | 五 | wǔ |
| flip-flops | 凉鞋 | liáng xié |
| flower | 花 | huā |
| fog | 雾 | wù |
| food | 食物 | shí wù |
| foot | 脚 | jiǎo |
| fork | 叉子 | chā zi |
| forty | 四十 | sì shí |
| four | 四 | sì |
| fourteen | 十四 | shí sì |
| fox | 狐狸 | hú li |
| frog | 青蛙 | qīng wā |
| fruit juice | 果汁 | guǒ zhī |

## ghi

| | | |
|---|---|---|
| gate | 大门 | dà mén |
| girl | 女孩 | nǚ nǎi |
| gloves | 手套 | shǒu tào |
| goat | 山羊 | shān yáng |
| gray | 灰色 | huī sè |
| green | 绿色 | lǜ sè |
| | | |
| hail | 冰雹 | bīng báo |
| hair | 头发 | tóu fa |
| ham | 火腿 | huǒ tuǐ |
| hand | 手 | shǒu |

## jkl

| | | |
|---|---|---|
| jam | 果酱 | guǒ jiàng |
| jar | 罐子 | guàn zi |
| | | |
| kitchen | 厨房 | chú fáng |
| kite | 风筝 | fēng zheng |
| knee | 膝盖 | xī gài |
| knife | 刀 | dāo |
| | | |
| ladybug | 瓢虫 | piáo chóng |
| lamp | 灯 | dēng |
| leaf | 叶子 | yè zi |
| leg | 腿 | tuǐ |
| lightning | 闪电 | shǎn diàn |
| lorry | 货车 | huò chē |

## mn

| | | |
|---|---|---|
| man | 男人 | nán rén |
| milk | 牛奶 | niú nǎi |
| mirror | 镜子 | jìng zi |
| money | 钱 | qián |
| monkey | 猴子 | hóu zi |
| moon | 月亮 | yuè liang |
| more | 更 | gèng |
| motorcycle | 摩托车 | mó tuō chē |
| | | |
| nest | 鸟巢 | niǎo cháo |
| net | 渔网 | yú wǎng |
| nine | 九 | jiǔ |
| nineteen | 十九 | shí jiǔ |
| ninety | 九十 | jiǔ shí |
| nose | 鼻子 | bí zi |
| numbers | 数字 | shù zǐ |
| nurse | 护士 | hù shi |

## op

| | | |
|---|---|---|
| one | 一 | yī |
| one hundred | 一百 | yī bǎi |
| orange (color) | 橙色 | chéng sè |
| orange (fruit) | 橙子 | chéng zi |
| oval | 椭圆形 | tuǒ yuán xíng |
| | | |
| pail | 水桶 | shuǐ tǒng |
| paints | 颜料 | yán liào |
| paintbrush | 画笔 | huà bǐ |
| pan | 锅 | guō |
| pants | 裤子 | kù zi |
| park | 公园 | gōng yuán |
| parrot | 鹦鹉 | yīng wǔ |
| pen | 笔 | bǐ |
| pencil | 铅笔 | qiān bǐ |
| people | 人 | rén |

| pie | 馅饼 | xiàn bǐng |
| pig | 猪 | zhū |
| pineapple | 凤梨 | fèng lí |
| pink | 粉色 | fěn sè |
| plate | 盘子 | pán zi |
| pond | 池塘 | chí táng |
| popsicle | 冰棍儿 | bīng gùnr |
| purple | 紫色 | zǐ sè |

## qrs

| rain | 雨 | yǔ |
| rake | 耙子 | pá zi |
| rectangle | 长方形 | cháng fāng xíng |
| red | 红色 | hóng sè |
| rocket | 火箭 | huǒ jiàn |
| rollerblades | 旱冰鞋 | hàn bīng xié |
| rug | 地毯 | dì tǎn |
| salesclerk | 购物车 | gòu wù chē |
| sandbox | 沙坑 | shā kēng |
| sandcastle | 沙堡 | shā bǎo |
| scale | 秤 | chèng |
| scarf | 围巾 | wéi jīn |
| school | 学校 | xué xiào |
| scissors | 剪刀 | jiǎn dāo |
| sea | 海 | hǎi |
| seal | 海豹 | hǎi bào |
| seaside | 海边 | hǎi biān |
| seesaw | 跷跷板 | qiāo qiāo bǎn |
| semicircle | 半圆形 | bàn yuán xíng |
| seven | 七 | qī |
| seventeen | 十七 | shí qī |
| seventy | 七十 | qī shí |
| shapes | 形状 | xíng zhuàng |
| sheep | 绵羊 | mián yáng |
| shell | 贝壳 | bèi ké |
| ship | 船 | chuán |
| shop assistant | 店员 | diàn yuán |
| shovel | 铲子 | chǎn zi |
| six | 六 | liù |
| sixteen | 十六 | shí liù |
| sixty | 六十 | liù shí |
| shoes | 鞋 子 | xié zi |
| sink | 洗手盆 | xǐ shǒu pén |
| skirt | 裙子 | qún zi |
| slide | 滑梯 | huá tī |
| slug | 鼻涕虫 | bí tì chóng |
| sneakers | 运动鞋 | yùn dòng xié |
| snow | 雪 | xuě |
| soap | 肥皂 | féi zào |
| socks | 袜子 | wà zi |
| spider web | 蜘蛛网 | zhī zhū wǎng |
| sponge | 海绵 | hǎi mián |
| spoon | 勺 | sháo |
| spy | 间谍 | jiān dié |
| square | 正方形 | zhèng fāng xíng |
| star | 星形 | xīng xíng |

| starfish | 海星 | hǎi xīng |
| storm | 暴风雨 | bào fēng yǔ |
| strawberry | 草莓 | cǎo méi |
| stroller | 婴儿车 | yīng' ér chē |
| stove | 炉灶 | lú zào |
| sun | 太阳 | tài yang |
| supermarket | 超市 | chāo shì |
| swan | 天鹅 | tiān' é |
| sweater | 毛衣 | máo yī |
| swing | 秋千 | qiū qiān |

## tu

| table | 桌子 | zhuō zi |
| teacher | 老师 | lǎo shī |
| teddy bear | 熊 | xióng |
| ten | 十 | shí |
| thirteen | 十三 | shí sān |
| thirty | 三十 | sān shí |
| three | 三 | sān |
| tiger | 虎 | hǔ |
| toe | 脚趾 | jiǎo zhǐ |
| toothbrush | 牙刷 | yá shuā |
| toothpaste | 牙膏 | yá gāo |
| toucan | 巨嘴鸟 | jù zuǐ niǎo |
| towel | 毛巾 | máo jīn |
| tractor | 拖拉机 | tuō lā jī |
| train | 火车 | huǒ chē |
| transport | 交通工具 | jiāo tōng gōng jù |
| tree | 树 | shù |
| triangle | 三角形 | sān jiǎo xíng |
| tricycle | 三轮脚踏车 | sān lún jiǎo tà chē |
| T-shirt | T恤衫 | T xù shān |
| twelve | 十二 | shí 'èr |
| twenty | 二十 | èr shí |
| two | 二 | èr |

## vw

| vegetables | 蔬菜 | shū cài |
| vet | 兽医 | shòu yī |
| wallet | 钱包 | qián bāo |
| weather | 天气 | tiān qì |
| white | 白色 | bái sè |
| wind | 风 | fēng |
| wolf | 狼 | láng |
| woman | 女人 | nǚ rén |
| worm | 蚯蚓 | qiū yǐn |

## xyz

| yacht | 帆船 | fān chuán |
| yellow | 黄色 | huáng sè |
| yo-yo | 悠悠球 | yōu yōu qiú |
| zebra | 斑马 | bān mǎ |